내 · 면 · 으 · 로 · 의 · 여 · 정

기 도
다이어리

KB208380

"기도하며 자신의 몫을 다하면, 주께서 지금은 꿈에 불과한
그것이 실체가 되게 하실 것이다." - 아빌라의 테레사

Prayer Diary

기도 다이어리
활용법

말씀 묵상   기록된 말씀을 묵상하며 당신에게 주어진 '오늘 하루'를 기쁘고 보람있게 지내보세요.

나의 간구 및 중보   기도제목과 중보할 내용을 구체적으로 기록하세요.

응답 과정   응답받기 위해 실제적으로 노력한 과정과 응답받은 과정을 기록해 보세요.

응답받은 내용   기도한 후에 응답받은 내용과 날짜를 기록하세요.

나의 하루는 …   당신의 하루를 평가해 보세요(중요한 일이나 결정사항, 꾼 꿈에 대해서 기록해도 좋습니다).

기도 다이어리
다짐하기

- _____
- _____
- _____
- _____
- _____
- _____
- _____

년   월   일   서명 _____ (사인/인)

MONTHLY PLAN

MY project { }

1 2 3 4 5 6 7 8 9 10 11 12

Sun	Mon	Tue	Wed	Thu	Fri	Sat

wish to do	have to do

월   일

::말씀 묵상

무릇 말씀하신 그 모든 좋은 약속이
하나도 이루어지지 아니함이 없도다(왕상 8:56)

:: 나의 간구 및 중보

:: 응답과정   :: 응답받은 내용

:: 나의 하루는 ⋯

:: 말씀 묵상

아브라함이 바랄 수 없는 중에 바라고 믿었으니(롬 4:18)

:: 나의 간구 및 중보

:: 응답과정

:: 응답받은 내용

:: 나의 하루는 …

:: 말씀 묵상

너의 행사를 여호와께 맡기라 그리하면
네가 경영하는 것이 이루어지리라(잠 16:3)

:: 나의 간구 및 중보

:: 응답과정

:: 응답받은 내용

:: 나의 하루는 …

:: 말씀 묵상

네 길을 여호와께 맡기라 그를 의지하면 그가 이루시고(시 37:5)

:: 나의 간구 및 중보

:: 응답과정

:: 응답받은 내용

:: 나의 하루는 …

::말씀 묵상

나의 영혼이 잠잠히 하나님만 바람이여(시 62:1)

::나의 간구 및 중보

::응답과정

::응답받은 내용

::나의 하루는 …

:: 말씀 묵상

내 이름으로 무엇이든지 내게 구하면 내가 행하리라(요 14:14)

:: 나의 간구 및 중보

:: 응답과정

:: 응답받은 내용

:: 나의 하루는 …

月　日

:: 말씀 묵상

여호와의 이름을 의뢰하며 자기 하나님께 의지할지어다(사 50:10)

:: 나의 간구 및 중보

:: 응답과정

:: 응답받은 내용

:: 나의 하루는 …

:: 말씀 묵상

내가 지존하신 하나님께 부르짖음이여
곧 나를 위하여 모든 것을 이루시는 하나님께로다(시 57:2)

:: 나의 간구 및 중보

:: 응답과정

:: 응답받은 내용

:: 나의 하루는 …

:: 말씀 묵상

하나님이 그 성 중에 계시매 성이 흔들리지 아니할 것이라
새벽에 하나님이 도우시리도다(시 46:5)

:: 나의 간구 및 중보

:: 응답과정

:: 응답받은 내용

:: 나의 하루는 …

:: 말씀 묵상

여호와께서 너희를 위해 싸우시리니 너희는 가만히 있을지니라(출 14:14)

:: 나의 간구 및 중보

:: 응답과정

:: 응답받은 내용

:: 나의 하루는 …

:: 말씀 묵상

나를 넓은 곳으로 인도하시고 나를 기뻐하시므로 나를 구원하셨도다(시 18:19)

:: 나의 간구 및 중보

:: 응답과정

:: 응답받은 내용

:: 나의 하루는 ···

::말씀 묵상

무릇 하나님의 영으로 인도함을 받는 사람은 곧 하나님의 아들이라(롬 8:14)

::나의 간구 및 중보

::응답과정

::응답받은 내용

::나의 하루는…

:: 말씀 묵상

항상 내 말을 들으시는 줄을 내가 알았나이다(요 11:42)

:: 나의 간구 및 중보

:: 응답과정

:: 응답받은 내용

:: 나의 하루는 …

::말씀 묵상

내가 여호와를 기다리고 기다렸더니 귀를 기울이사
나의 부르짖음을 들으셨도다(시 40:1)

::나의 간구 및 중보

::응답과정

::응답받은 내용

::나의 하루는 …

:: 말씀 묵상

네가 부를 때에는 나 여호와가 응답하겠고
네가 부르짖을 때에는 내가 여기 있다 하리라(사 58:9)

:: 나의 간구 및 중보

:: 응답과정

:: 응답받은 내용

:: 나의 하루는 …

:: 말씀 묵상

너희는 내게 부르짖으며 내게 와서 기도하면
내가 너희들의 기도를 들을 것이요(렘 29:12)

:: 나의 간구 및 중보

:: 응답과정

:: 응답받은 내용

:: 나의 하루는 …

:: 말씀 묵상

너는 내게 부르짖으라 내가 네가 응답하겠고
네가 알지 못하는 크고 은밀한 일을 네게 보이리라(렘 33:3)

:: 나의 간구 및 중보

:: 응답과정

:: 응답받은 내용

:: 나의 하루는 …

:: 말씀 묵상

너희가 내 안에 거하고 내 말이 너희 안에 거하면
무엇이든지 원하는 대로 구하라 그리하면 이루리라(요 15:7)

:: 나의 간구 및 중보

:: 응답과정

:: 응답받은 내용

:: 나의 하루는 …

:: 말씀 묵상

모든 기도와 간구로 하되 항상 성령 안에서 기도하고 이를 위하여
깨어 구하기를 항상 힘쓰며 여러 성도를 위하여 구하라(엡 6:18)

:: 나의 간구 및 중보

:: 응답과정

:: 응답받은 내용

:: 나의 하루는 …

:: 말씀 묵상

기도를 계속하고 기도에 감사함으로 깨어 있으라(골 4:2)

:: 나의 간구 및 중보

:: 응답과정

:: 응답받은 내용

:: 나의 하루는 …

:: 말씀 묵상

아무 것도 염려하지 말고 다만 모든 일에 기도와 간구로,
너희 구할 것을 감사함으로 하나님께 아뢰라(빌 4:6)

:: 나의 간구 및 중보

:: 응답과정

:: 응답받은 내용

:: 나의 하루는 …

:: 말씀 묵상

목마른 자도 올 것이요 또 원하는 자는 값없이
생명수를 받으라 하시더라(계 22:17)

:: 나의 간구 및 중보

:: 응답과정

:: 응답받은 내용

:: 나의 하루는 …

:: 말씀 묵상

쉬지 말고 기도하라(살전 5:17)

:: 나의 간구 및 중보

:: 응답과정

:: 응답받은 내용

:: 나의 하루는 …

:: 말씀 묵상

그리스도의 사랑이 우리를 강권하시는도다(고후 5:14)

:: 나의 간구 및 중보

:: 응답과정

:: 응답받은 내용

:: 나의 하루는 …

:: 말씀 묵상

이는 그로 말미암아 우리 둘이 한 성령 안에서
아버지께 나아감을 얻게 하려 하심이라(엡 2:18)

:: 나의 간구 및 중보

:: 응답과정

:: 응답받은 내용

:: 나의 하루는 …

:: 말씀 묵상

모든 일을 원망과 시비가 없이 하라(빌 2:14)

:: 나의 간구 및 중보

:: 응답과정

:: 응답받은 내용

:: 나의 하루는 …

:: 말씀 묵상

소리 내어 즐겁게 노래하며 찬송할지어다(시 98:4)

:: 나의 간구 및 중보

:: 응답과정

:: 응답받은 내용

:: 나의 하루는 …

:: 말씀 묵상

주 앞에서 낮추라 그리하면 주께서 너희를 높이시리라(약 4:10)

:: 나의 간구 및 중보

:: 응답과정

:: 응답받은 내용

:: 나의 하루는 …

:: 말씀 묵상

온전하게 행하는 자가 의인이라 그의 후손에게는 복이 있느니라(잠 20:7)

:: 나의 간구 및 중보

:: 응답과정

:: 응답받은 내용

:: 나의 하루는 …

:: 말씀 묵상

여호와께서 네게 구하시는 것은 오직 정의를 행하며 인자를 사랑하며
겸손히 네 하나님과 함께 행하는 것이 아니냐(미 6:8)

:: 나의 간구 및 중보

:: 응답과정

:: 응답받은 내용

:: 나의 하루는 …

:: 말씀 묵상

성품이 냉철한 자는 명철하니라(잠 17:27)

:: 나의 간구 및 중보

:: 응답과정

:: 응답받은 내용

:: 나의 하루는 …

:: 말씀 묵상

사랑하는 자들아 하나님이 이같이 우리를 사랑하셨은즉
우리도 서로 사랑하는 것이 마땅하도다(요일 4:11)

:: 나의 간구 및 중보

:: 응답과정

:: 응답받은 내용

:: 나의 하루는 …

:: 말씀 묵상

견실하며 흔들리지 말고 항상 주의 일에 더욱 힘쓰는 자들이 되라
이는 너희 수고가 주 안에서 헛되지 않은 줄을 앎이니라(고전 15:58)

:: 나의 간구 및 중보

:: 응답과정

:: 응답받은 내용

:: 나의 하루는 …

:: 말씀 묵상

서로 돌아보아 사랑과 선행을 격려하며(히 10:24)

:: 나의 간구 및 중보

:: 응답과정

:: 응답받은 내용

:: 나의 하루는 …

:: 말씀 묵상

내가 주의 말씀을 얻어 먹었사오니 주의 말씀은
내게 기쁨과 내 마음의 즐거움이오나(렘 15:16)

:: 나의 간구 및 중보

:: 응답과정

:: 응답받은 내용

:: 나의 하루는 …

:: 말씀 묵상

나를 깨닫게 하사 주의 증거들을 알게 하소서(시 119:125)

:: 나의 간구 및 중보

:: 응답과정

:: 응답받은 내용

:: 나의 하루는 …

:: 말씀 묵상

대저 여호와는 지혜를 주시며 지식과 명철을 그 입에서 내심이며(잠 2:6)

:: 나의 간구 및 중보

:: 응답과정

:: 응답받은 내용

:: 나의 하루는 …

:: 말씀 묵상

사람이 마음으로 자기의 길을 계획할지라도
그 걸음을 인도하시는 이는 여호와시니라(잠 16:9)

:: 나의 간구 및 중보

:: 응답과정

:: 응답받은 내용

:: 나의 하루는 …

:: 말씀 묵상

이같이 너희 빛이 사람 앞에 비치게 하여 그들로 너희 착한 행실을 보고
하늘에 계신 너희 아버지께 영광을 돌리게 하라(마 5:16)

:: 나의 간구 및 중보

:: 응답과정

:: 응답받은 내용

:: 나의 하루는 …

:: 말씀 묵상

여호와께서 자기에게 간구하는 모든 자 곧 진실하게 간구하는
모든 자에게 가까이 하시는도다(시 145:18)

:: 나의 간구 및 중보

:: 응답과정

:: 응답받은 내용

:: 나의 하루는 …

:: 말씀 묵상

여호와는 악인을 멀리 하시고 의인의 기도를 들으시느니라(잠 15:29)

:: 나의 간구 및 중보

:: 응답과정

:: 응답받은 내용

:: 나의 하루는 …

:: 말씀 묵상

시온에 거주하며 예루살렘에 거주하는 백성아 너는 다시 통곡하지
아니할 것이라 그가 네 부르짖는 소리로 말미암아 네게 은혜를 베푸시되
그가 들으실 때에 네게 응답하시리라(사 30:19)

:: 나의 간구 및 중보

:: 응답과정

:: 응답받은 내용

:: 나의 하루는 …

:: 말씀 묵상

그가 자기를 경외하는 자들의 소원을 이루시며
또 그들의 부르짖음을 들으사 구원하시리로다(시 145:19)

:: 나의 간구 및 중보

:: 응답과정

:: 응답받은 내용

:: 나의 하루는 …

:: 말씀 묵상

너희 염려를 주께 맡기라 아는 그가 너희를 돌보심이라(벧전 5:7)

:: 나의 간구 및 중보

:: 응답과정

:: 응답받은 내용

:: 나의 하루는 …

:: 말씀 묵상

이러므로 너희는 장차 올 이 모든 일을 능히 피하고 인자 앞에 서도록
항상 기도하며 깨어 있으라 하시니라(눅 21:36)

:: 나의 간구 및 중보

:: 응답과정

:: 응답받은 내용

:: 나의 하루는 …

:: 말씀 묵상

우리가 무엇이든지 구하는 바를 들으시는 줄을 안즉
우리가 그에게 구한 그것을 얻은 줄을 또한 아느니라(요일 5:15)

:: 나의 간구 및 중보

:: 응답과정

:: 응답받은 내용

:: 나의 하루는 …

:: 말씀 묵상

주의 앞에는 충만한 기쁨이 있고 주의 오른쪽에는
영원한 즐거움이 있나이다(시 16:11)

:: 나의 간구 및 중보

:: 응답과정

:: 응답받은 내용

:: 나의 하루는 …

:: 말씀 묵상

감사로 제사를 드리는 자가 나를 영화롭게 하나니(시 50:23)

:: 나의 간구 및 중보

:: 응답과정

:: 응답받은 내용

:: 나의 하루는 …

:: 말씀 묵상

여호와여 아침에 주께서 나의 소리를 들으시리니
아침에 내가 주께 기도하고 바라리이다(시 5:3)

:: 나의 간구 및 중보

:: 응답과정

:: 응답받은 내용

:: 나의 하루는 …

월   일

:: 말씀 묵상

내가 전심으로 여호와께 감사하오며 주의 모든 기이한 일들을 전하리이다
내가 주를 기뻐하고 즐거워하며 지존하신 주의 이름을 찬송하리니(시 9:1~2)

:: 나의 간구 및 중보

:: 응답과정

:: 응답받은 내용

:: 나의 하루는 …

:: 말씀 묵상

여호와여 내가 깊은 곳에서 주께 부르짖었나이다
주여 내 소리를 들으시며 나의 부르짖는 소리에 귀를 기울이소서(시 130:1~2)

:: 나의 간구 및 중보

:: 응답과정

:: 응답받은 내용

:: 나의 하루는 …

:: 말씀 묵상

여호와여 나의 말에 귀를 기울이사 나의 심정을 헤아려 주소서
나의 왕, 나의 하나님이여 나의 부르짖는 소리를 들으소서
내가 주께 기도하나이다(시 5:1~2)

:: 나의 간구 및 중보

:: 응답과정

:: 응답받은 내용

:: 나의 하루는 …

:: 말씀 묵상

너를 지키시는 이가 졸지 아니하시리로다(시 121:3)

:: 나의 간구 및 중보

:: 응답과정

:: 응답받은 내용

:: 나의 하루는 …

:: 말씀 묵상

내가 찬송 받으실 여호와께 아뢰리니(삼하 22:4)

:: 나의 간구 및 중보

:: 응답과정

:: 응답받은 내용

:: 나의 하루는 …

:: 말씀 묵상

할렐루야, 내가 정직한 자의 모임과 회중 가운데에서
전심으로 여호아께 감사하리로다(시 111:1)

:: 나의 간구 및 중보

:: 응답과정

:: 응답받은 내용

:: 나의 하루는 …

:: 말씀 묵상

우리는 그의 약속대로 의가 있는 곳인 새 하늘과 새 땅을 바라보도다(벧후 3:13)

:: 나의 간구 및 중보

:: 응답과정

:: 응답받은 내용

:: 나의 하루는 …

:: 말씀 묵상

여호와께서 높이 계셔도 낮은 자를 굽어 살피시며…(시 136:6)

:: 나의 간구 및 중보

:: 응답과정

:: 응답받은 내용

:: 나의 하루는 …

:: 말씀 묵상

그의 신기한 능력으로 생명과 경건에 속한
모든 것을 우리에게 주셨으니… (벧후 1:3)

:: 나의 간구 및 중보

:: 응답과정

:: 응답받은 내용

:: 나의 하루는 …

:: 말씀 묵상

> 너는 마음을 다하여 여호와를 신뢰하고 네 명철을 의지하지 말라
> 너는 범사에 그를 인정하라 그리하면 네 길을 지도하시리라(잠 3:5~6)

:: 나의 간구 및 중보

:: 응답과정

:: 응답받은 내용

:: 나의 하루는 …

:: 말씀 묵상

여호와의 눈은 의인을 향하시고
그의 귀는 그들의 부르짖음에 기울이시는도다(시 34:15)

:: 나의 간구 및 중보

:: 응답과정

:: 응답받은 내용

:: 나의 하루는 …

기도
다이어리

기도하는
당신을 축복합니다.

초판 1쇄 │ 2008년 6월 10일
초판 2쇄 │ 2008년 12월 31일

엮은이 │ 편집부
펴낸이 │ 김은옥
펴낸곳 │ 올리브북스
주소 │ 부천시 원미구 중동 1152-3 메트로팰리스 1차 A동 1203호
전화 │ 02-393-2427
이메일 │ kimeunok@empal.com

출판등록 │ 제387-2007-00012호(2006. 6. 8.)

ISBN 978-89-958775-7-9   03230

■ 총판 소망사(02-392-4232)

※ 1,000부 이상 주문하시면 교회 이름 넣어서 인쇄해 드립니다.
　　이 작은 책자를 통해서 교회마다 기도 운동이 일어나기를 소망합니다.